Eike Schult

Mich gruselt´s

Vielseidig Verlag

2

Die dunkle Jahreszeit hat begonnen.
Tagsüber herrliche Spaziergänge im bunten Herbstwald,
doch wehe, wenn die Dämmerung hereinbricht.
Dann kommen all die unheimlichen Wesen aus ihren Verstecken
und lassen es uns kalt den Rücken herunterlaufen.

Seien Sie gewarnt, dieses Buch ist nichts für schwache Nerven.
Gruselige Grüße
Ihre

Tipps & Tricks

Größe:

Die Figuren, deren Arbeitsgänge ich beschrieben habe, sind ca. 4-5cm groß. Selbstverständlich können sie von Ihnen auch größer oder kleiner modelliert werden.

Material:

Als Modelliermasse habe ich Fimo-Soft verwendet.
Die Figurenarrangements sind teilweise mit Fimo Classic modelliert.

Beide Sorten lassen sich gut untereinander verarbeiten.

Verarbeitung von Modelliermasse:

Die Modelliermasse wird nach dem Formen im Ofen gebacken. Richten Sie sich nach den Herstellerangaben auf der Packung. Dies ist allerdings ein Richtwert. Ich bevorzuge eine Temperatur, die 100° C nicht überschreitet.

Die Backzeit selbst richtet sich nach der Größe und Dicke der Figur.
Am besten ist es , Sie probieren es aus. Beachten Sie aber bitte die Warnhinweise auf der Packung.

Vor dem Backen werden Draht, Zahnstocher, Stifte, Stäbe usw. in die Masse gesteckt. Nach dem Backen kann die Figur bemalt und gelackt werden. Damit die Masse nicht austrocknet, bewahren Sie die Reste luftdicht auf.

Werkzeug:

Marmorplatte, Messer, Zahnstocher, Kugelschreiber ohne Mine, Drahtschere, event. Farbe und Pinsel Nr. 2, Klarlack

Ösen:

Legen Sie einen dünnen Messingdraht über den Zahnstocher, wickeln Sie die Enden zusammen und schneiden Sie die Ösen auf Wunschlänge.

Gesichter:

Die Gesichter sind entweder ganz aus Modelliermasse oder teilweise aufgemalt. Mit dem Messer, dem Zahnstocher oder dem minenlosen Kugelschreiber lassen sich interessante Gesichtsausdrücke hineinritzen.

Möglichkeiten:

Die Figuren eigenen sich wunderbar als kleine Geschenke und Dekorationen. Mit ihnen lässt sich alles mögliche und unmögliche witzig beleben wie z. B. Zweige, Rahmen, Schachteln oder den Partytisch.

Gehen Sie auf Entdeckung in Ihrem Bastelgeschäft und probieren Sie aus. Ihrer Phantasie sind dabei keine Grenzen gesetzt. Vor allem das Modellieren an sich macht viel Freude - die jedenfalls wünsche ich Ihnen.

Steinpilzmännchen

Farben:

Creme-Citrone
Jaspis
Caramel

Kürbisse

Happy
Halloween

Kürbis

So wird´s gemacht:

Farben:

Mandarine
Tropischgrün
Schwarz

Maus

So wird´s gemacht:

Farben:

Delphingrau

Schwarz

Vampire

So wird´s gemacht:

Farben:

Schwarz
Weiß
Haut

Tipp: Umhang wird ausgerollt, mit einer kreisförmigen Backform ø 5 cm ausgestochen und mit dem Messer halbiert

Eichelmännchen

Eichelmann

So wird´s gemacht:

Farben:

Schoko

Ocker

Blattgrün

kleines Stöckchen

Kobra

So wird´s gemacht:

Farben:

Chinajade

Rosenquarz

Mumie

So wird´s gemacht:

Farben:

Sahara

Weiß

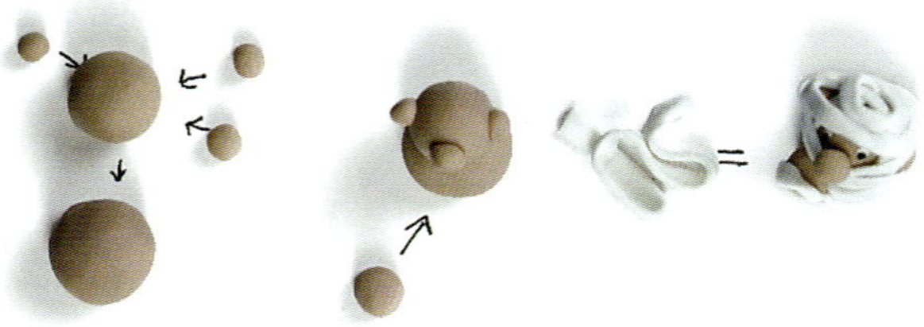

Modelliervorschlag ohne Anleitung

Katze

So wird´s gemacht:

Farben:

Schwarz

Haut

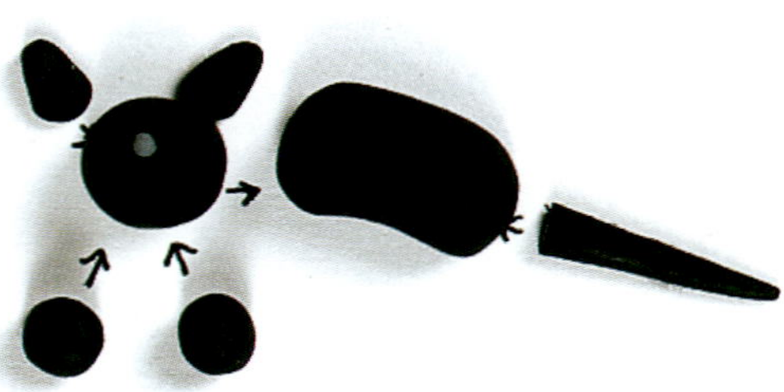

Hexe

So wird´s gemacht:

Farben:

Smaragd
Sahara
Caramel
Kirschrot
Indischrot
Transparentgelb

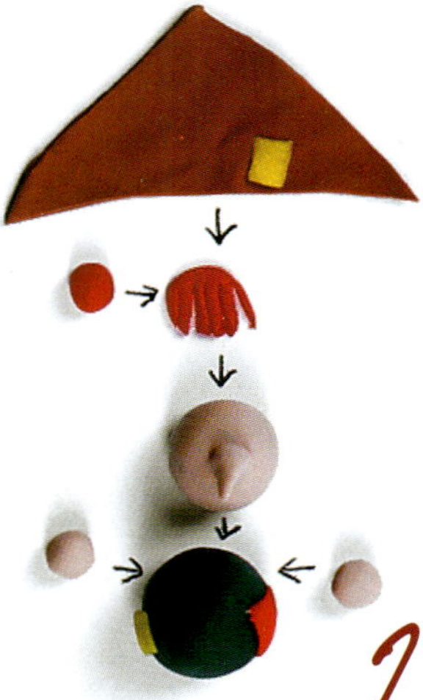

Rebenranke

Zauberer

So wird´s gemacht:

Farben:

Windsorblau
Metallicblau
Haut hell
Weiß
1 Zahnstocher
(als Zauberstab)

Tipp: Umhang wird ausgerollt, mit einer kreisförmigen Backform ø 5cm ausgestochen und mit dem Messer halbiert

Fledermaus

So wird´s gemacht:

Farben:

Delphingrau

Schwarz

Gespenster

So wird´s gemacht:

Farben:

Transparent

Tipp: Die Kettenstruktur wird mit dem Zahnstocher eingedrückt

Farben:

Leuchtgelb

Schwarz

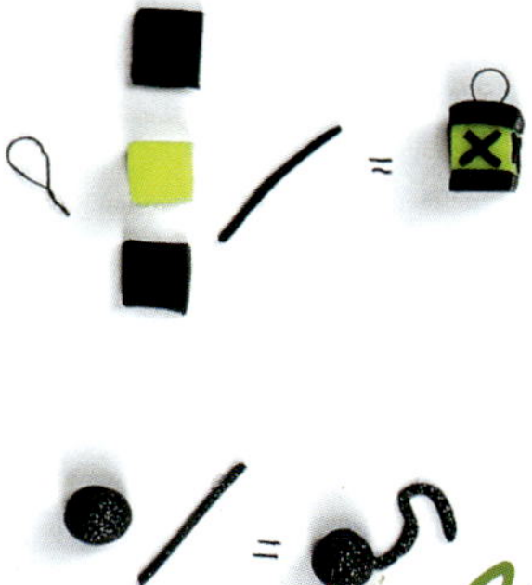

Eule

So wird´s gemacht:

Farben:

Caramel
Weiß
Schwarz
Mandarine
Dünner Draht, der über einem Zahnstocher zu einer Brille gebogen wird.

Tipp: Das Gefiedermuster wird mit einem minenlosen Kugelschreiber eingedrückt.

Modelliervorschlag ohne Anleitung

Vielseidig Verlag

Weitere Bücher von Eike Schult

Modellieren einfach & witzig
Lustige Figuren zum Nachmodellieren mit ausführlicher Anleitung
ISBN 3-935467-10-9
Best.Nr. 67109

Traumpüppchen
Basteln mit Filz, Perlen und Biegeplüsch
ISBN 3-930529-75-0
Best.Nr. 29750

Laubanger 19b 96052 Bamberg **Vielseidig Verlag** GmbH Tel. 0951/ 6 89
Fax. 0951/ 60 32